Impressum
Verlag: BABADADA GmbH, Nedderfeld 112 , 22529 Hamburg
Geschäftsführer / Verlagsleitung: Harald Hof
Druck: Books on Demand GmbH, In de Tarpen 42, 22848 Norderstedt

Imprint
Publisher: BABADADA GmbH, Nedderfeld 112 , 22529 Hamburg, Germany
Managing Director / Publishing direction: Harald Hof
Print: Books on Demand GmbH, In de Tarpen 42, 22848 Norderstedt, Germany

iskola

学校

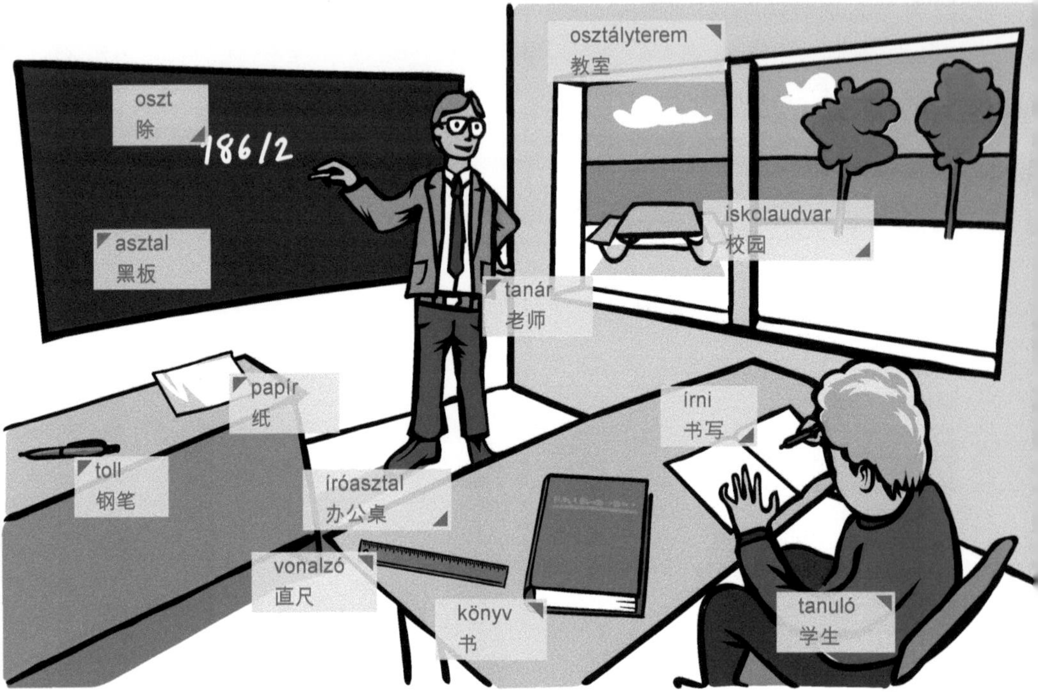

osztálytererm
教室
oszt
除
186/2
asztal
黑板
iskolaudvar
校园
tanár
老师
papír
纸
írni
书写
toll
钢笔
íróasztal
办公桌
vonalzó
直尺
könyv
书
tanuló
学生

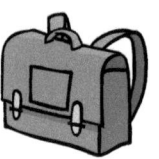

iskolatáska
书包

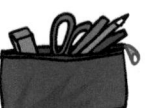

tolltartó
铅笔盒

ceruza
铅笔

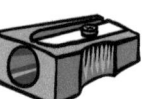

ceruzahegyező
卷笔刀

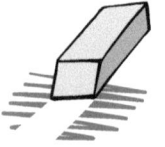

radír
橡皮擦

rajzfüzet
画板

rajz

图画

ecset

画笔

festőkészlet

颜料盒

olló

剪刀

ragasztó

胶水

munkafüzet

练习册

házi feladat

家庭作业

szám

数字

összead

加

kivon

减

szoroz

乘

számol

计算

betű

字母

ABC

字母表

szó

字

szöveg

课文

olvasni

读

kréta

粉笔

tanóra

上课

napló

登记

vizsga

考试

bizonyítvány

证书

iskolai egyenruha

校服

oktatás

教育

enciklopédia

百科全书

egyetem

大学

mikroszkóp

显微镜

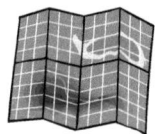

térkép

地图

papír-hulladék gyűjtő

废纸筐

utazás
旅行

hotel
酒店
Grand
szállás
青年旅社
ROOMS
valutaváltó iroda
外币兑换处
bőrönd
手提箱
autó
汽车

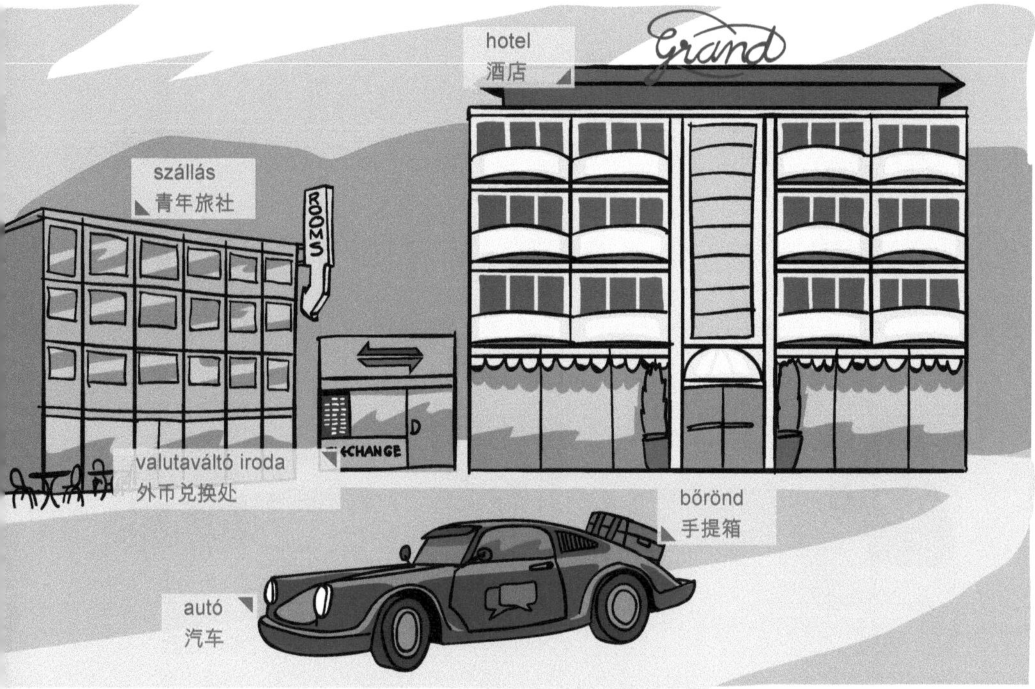

nyelv
语言

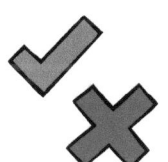

igen/nem
是/否

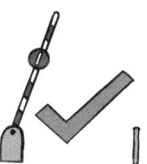

rendben
好的

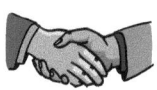

szia
您好

fordító
翻译员

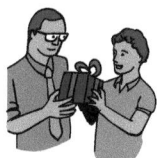

köszönöm
谢谢

mennyibe kerül…?

……多少钱？

nem értem

我不明白

probléma

问题

Jó estét!

晚上好！

jó reggelt!

早上好！

jó éjszakát!

晚安！

viszontlátásra

再见

útirány

方向

poggyász

行李

táska

包

hátizsák

双肩包

vendég

客人

szoba

房间

hálózsák

睡袋

sátor

帐篷

turista információ

旅游信息

strand

海滩

hitelkártya

信用卡

reggeli

早餐

ebéd

午餐

vacsora

晚餐

jegy

票

lift

电梯

bélyeg

邮票

határ

边界

vám

海关

nagykövetség

大使馆

vízum

签证

útlevél

护照

közlekedés
交通运输

repülőgép
飞机

hajó
船

tűzoltóautó
消防车

busz
公交车

tehergépkocsi
卡车

motorcsónak
汽艇

bicikli
自行车

autó
汽车

komp

摆渡船

csónak

小船

motorkerékpár

摩托车

rendőrautó

警车

versenyautó

赛车

bérautó

租车

telekocsi

拼车

vontató

拖车

szemetes autó

垃圾车

motor

发动机

üzemanyag

汽油

benzinkút

加油站

közlekedési tábla

交通标志

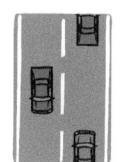

forgalom

交通

forgalmi dugó

交通堵塞

parkoló

停车场

vonatállomás

火车站

sínek

轨道

vonat

火车

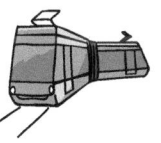

villamos

电车

vagon

货车

helikopter

直升机

repülőtér

机场

torony

塔

utas

乘客

konténer

集装箱

kartondoboz

纸板箱

taliga

手推车

kosár

篮子

felszáll / leszáll

起飞/降落

város

城市

falu

村庄

városközpont

市中心

ház

房子

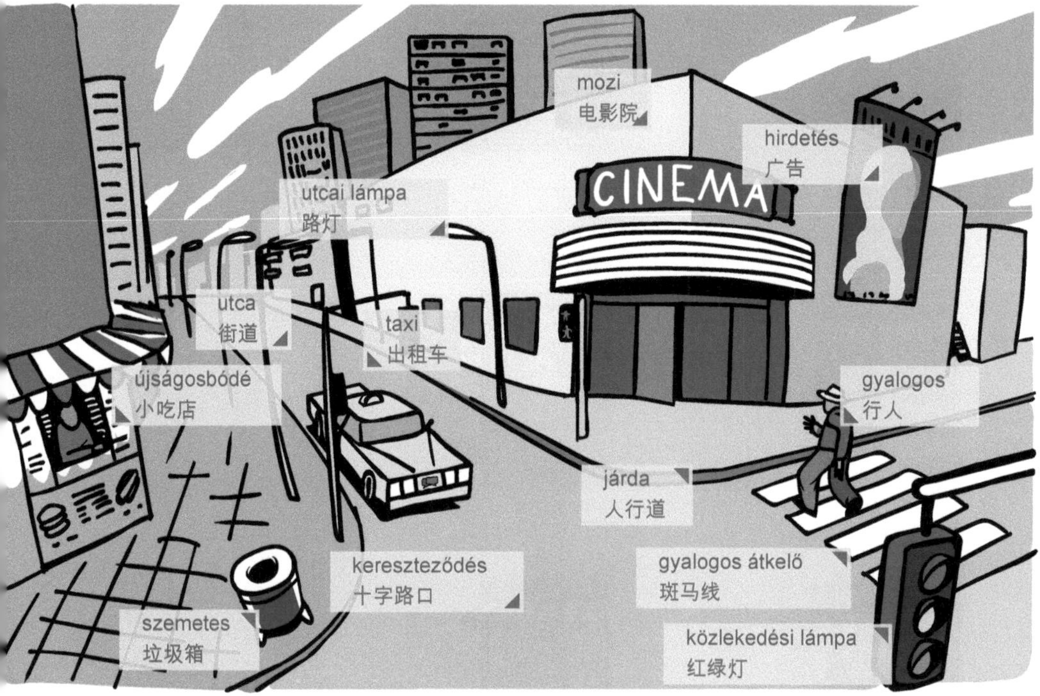
mozi
电影院
hirdetés
广告
CINEMA
utcai lámpa
路灯
utca
街道
taxi
出租车
újságosbódé
小吃店
gyalogos
行人
járda
人行道
kereszteződés
十字路口
gyalogos átkelő
斑马线
szemetes
垃圾箱
közlekedési lámpa
红绿灯

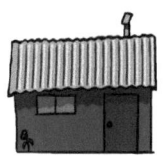

kunyhó

小屋

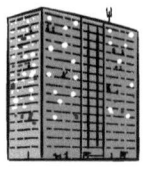

lakás

公寓

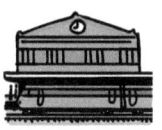

vonatállomás

火车站

városháza

市政厅

MUSEUM

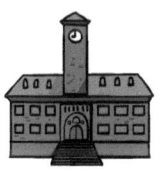

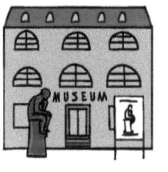

múzeum

博物馆

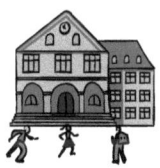

iskola

学校

egyetem

大学

bank

银行

kórház

医院

hotel

酒店

gyógyszertár

药房

iroda

办公室

könyvesbolt

书店

üzlet

商店

virágüzlet

花店

szupermarket

超市

piac

市场

áruház

百货商店

halárus

鱼店

bevásárló központ

购物中心

kikötő

海港

park

公园

pad

长凳

híd

桥

lépcső

楼梯

metró

地铁

alagút

隧道

buszmegálló

公交车站

bár

酒吧

étterem

餐馆

postaláda

邮筒

utcatábla

路标

parkoló óra

停车计时器

állatkert

动物园

uszoda

游泳馆

mecset

清真寺

gazdálkodás

农场

környezetszennyezés

污染

temető

墓地

templom

教堂

játszótér

操场

szentély

寺庙

táj

地形

levél
树叶

útjelző tábla
指示牌

út
路

rét
草地

kő
石头

fa
树

túrázó
徒步旅行
者

folyó
河

fű
草

virág
花

völgy

峡谷

domb

山

tó

湖

erdő

森林

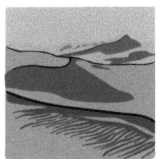

sivatag

沙漠

vulkán

火山

kastély

城堡

szivárvány

彩虹

gomba

蘑菇

pálmafa

棕榈树

szúnyog

蚊子

légy

苍蝇

hangya

蚂蚁

méhecske

蜜蜂

pók

蜘蛛

bogár

甲虫

béka

青蛙

mókus

松鼠

sündisznó

刺猬

nyúl

野兔

bagoly

猫头鹰

madár

鸟

hattyú

天鹅

vaddisznó

野猪

szarvas

鹿

rénszarvas

麋鹿

gát

水坝

szélturbina

风力发电机

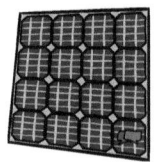

napelem

太阳能电池板

éghajlat

气候

étterem
餐馆

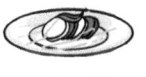

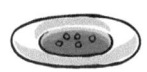

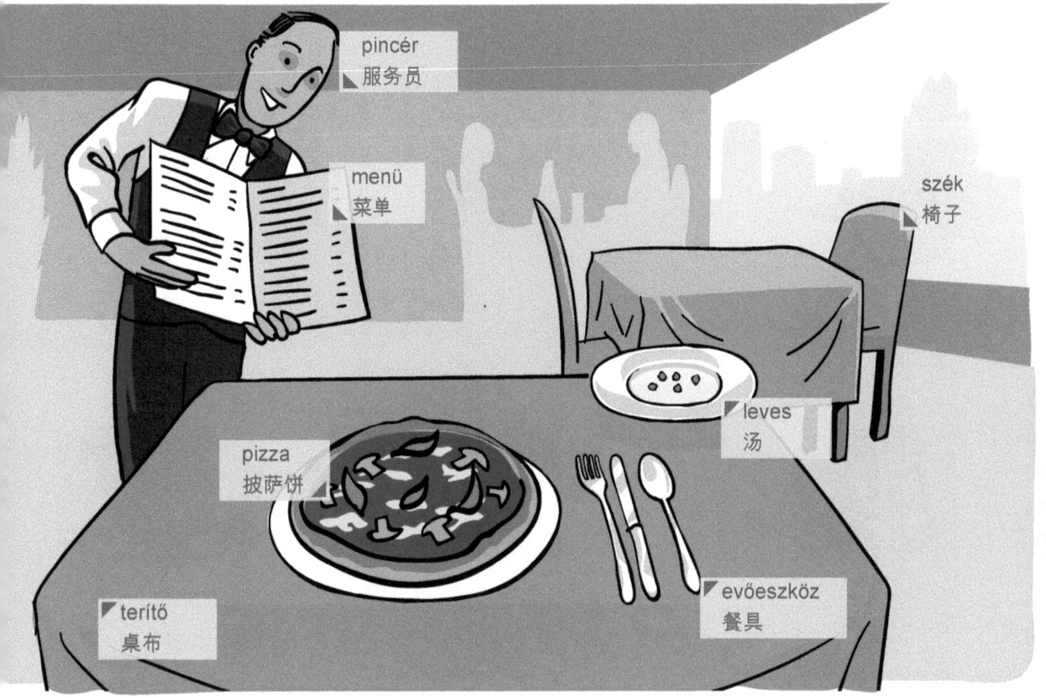

pincér
服务员
menü
菜单
szék
椅子
leves
汤
pizza
披萨饼
terítő
桌布
evőeszköz
餐具

előétel

前菜

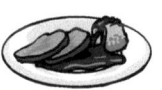

főétel

主菜

desszert

甜点

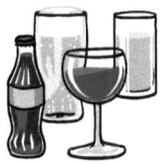

italok

饮料

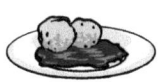

étel

食物

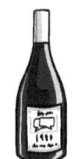

üveg

瓶子

gyorsétel

快餐

gyorsétel

街边小吃

teás kanna

茶壶

cukortartó

糖盒

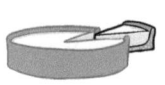

adag

一份饭菜

eszpresszógép

意式咖啡机

bárszék

高脚椅

számla

账单

tálca

托盘

kés

刀

villa

餐叉

kanál

勺子

teáskanál

茶匙

szalvéta

餐巾

pohár

玻璃杯

étterem - 餐馆

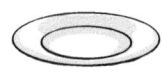

tányér

碟子

leveses tányér

汤盘

csészealj

碟子

szósz

酱

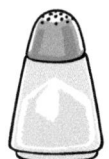

sószóró

盐瓶

borsőrlő

胡椒磨

ecet

醋

étkezési olaj

食用油

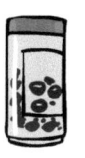

fűszerek

调味料

ketchup

番茄酱

mustár

芥末

majonéz

蛋黄酱

szupermarket

超市

különleges ajánlat
特价
FOR
ügyfél
顾客
tejtermék
乳制品
gyümölcsök
水果
bevásárló kocsi
购物车

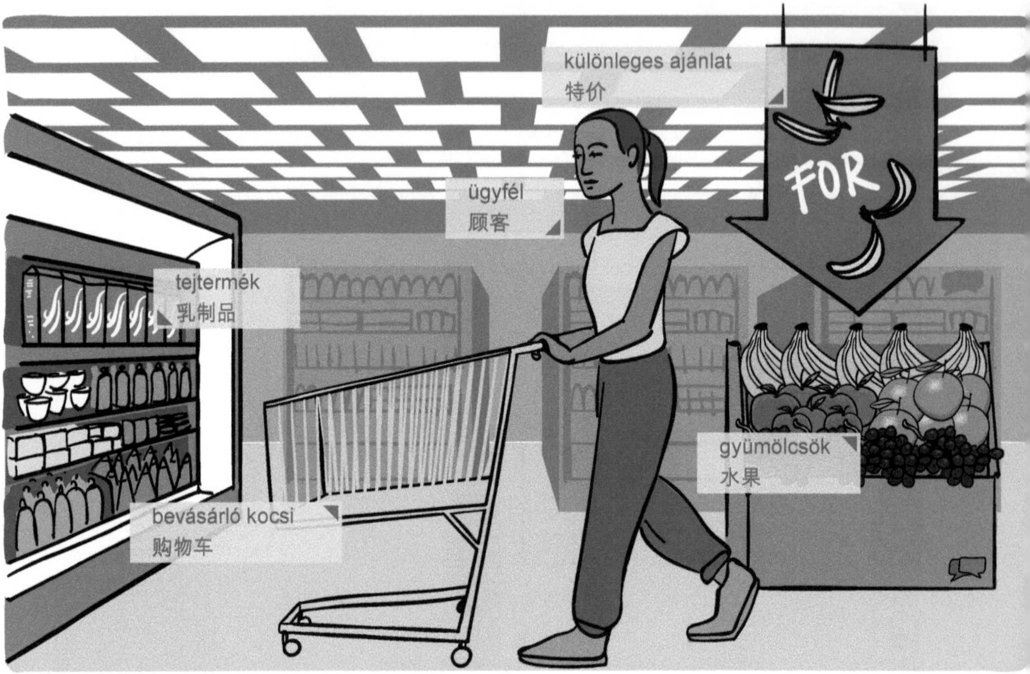

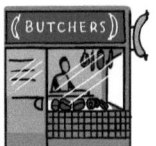

BUTCHERS

hentes

肉铺

BAKERY

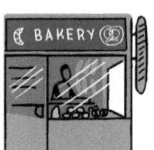

pékség

面包房

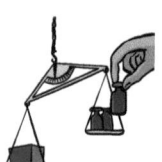

nyom valamennyit

称重

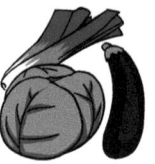

zöldség

蔬菜

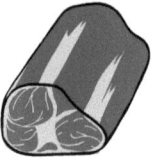

hús

肉

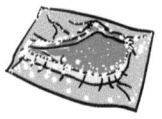

fagyasztott áru

冷冻食品

felvágott

冷盘

konzerv

罐头食品

mosópor

洗衣粉

édességek

甜食

háztartási termék

日用品

tisztítószerek

清洁用品

eladó

销售员

pénztárgép

收银机

eladó

收银员

bevásárló lista

购物清单

nyitva tartás

开放时间

levéltárca

钱包

hitelkártya

信用卡

zacskó

袋子

műanyag zacskó

塑料袋

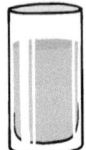

víz

水

gyümölcslé

果汁

tej

牛奶

kóla

可乐

bor

红酒

sör

啤酒

alkohol

酒

kakaó

可可

tea

茶

kávé

咖啡

eszpresszó

意式浓缩咖啡

kapucsínó

卡布奇诺

banán

香蕉

alma

苹果

narancs

橙子

sárgadinnye

西瓜

citrom

柠檬

sárgarépa

胡萝卜

fokhagyma

大蒜

bambusz

竹子

hagyma

洋葱

gomba

蘑菇

magvak

坚果

nokedli

面条

spagetti

意大利面条

rizs

米饭

saláta

沙拉

sült krumpli

薯条

sült burgonya

炸土豆

pizza

披萨饼

hamburger

汉堡包

szendvics

三明治

hússzelet

炸猪排

sonka

火腿

szalámi

萨拉米

kolbász

香肠

csirke

鸡肉

pecsenye

烤肉

hal

鱼

zabkása

燕麦片

müzli

穆兹利

kukoricapehely

玉米片

liszt

面粉

croissant

羊角面包

zsemle

面包卷

kenyér

面包

pirítós kenyér

烤面包

keksz

饼干

vaj

黄油

túró

凝乳

sütemény

蛋糕

tojás

蛋

tükörtojás

煎蛋

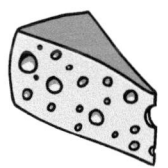

sajt

奶酪

jégkrém

冰激凌

cukor

糖

méz

蜂蜜

lekvár

果酱

mogyorókrém

巧克力酱

curry

咖喱饭

gazdálkodás
农场

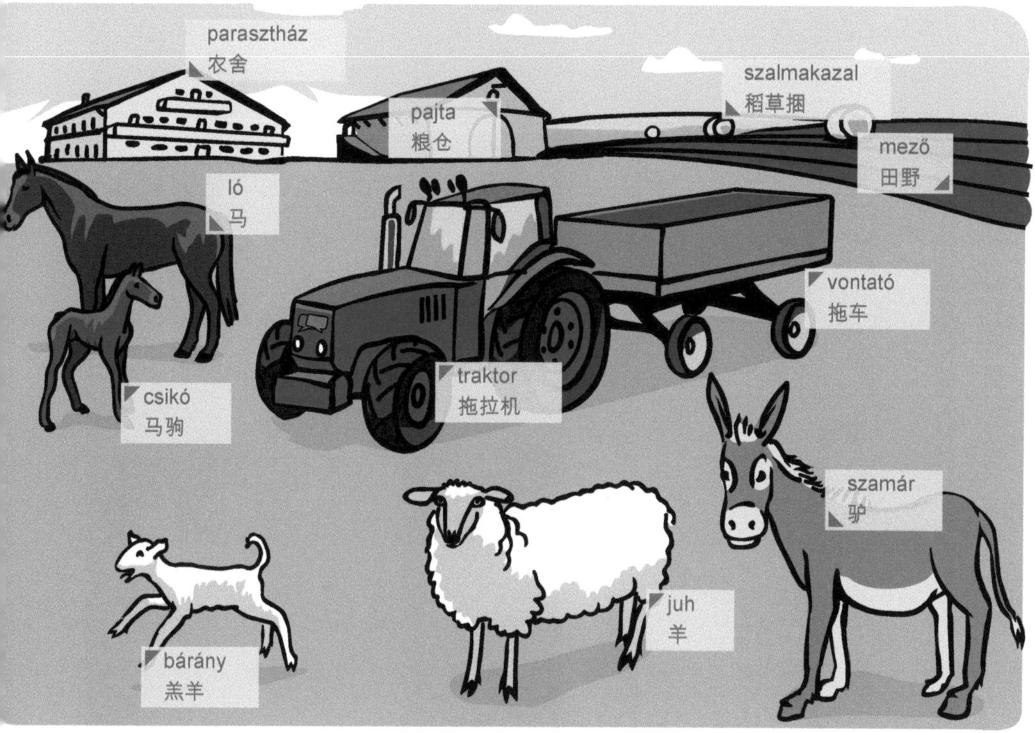

parasztház
农舍
szalmakazal
稻草捆
pajta
粮仓
mező
田野
ló
马
vontató
拖车
traktor
拖拉机
csikó
马驹
szamár
驴
juh
羊
bárány
羔羊

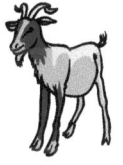

kecske
山羊

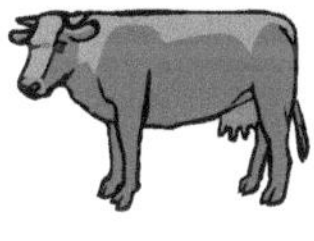

tehén
奶牛

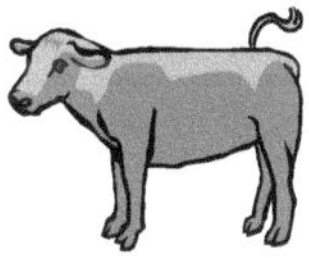

borjú
牛犊

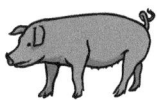

malac
猪

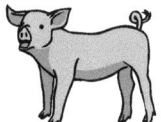

kismalac
小猪

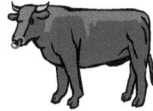

bika
公牛

liba

鹅

kacsa

鸭

csibe

小鸡

tojó

母鸡

kakas

公鸡

patkány

鼠

macska

猫

egér

老鼠

ökör

牛

kutya

狗

kutyaház

狗屋

kerti öntözőcső

花园浇水软管

öntözőkanna

洒水壶

kasza

长柄大镰刀

eke

犁

sarló

镰刀

kapa

锄头

vasvilla

长柄草耙

fejsze

斧头

talicska

独轮手推车

teknő

饲料槽

tejes kancsó

牛奶罐

zsák

麻布袋

kerítés

栅栏

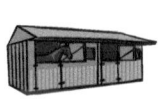

istálló

马厩

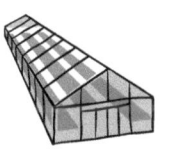

üvegház

温室

talaj

土壤

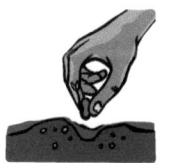

vetőmag

种子

trágya

肥料

cséplőgép

联合收割机

szüretelni

收割

betakarítás

收割

yamgyökér

山药

búza

小麦

szója

大豆

burgonya

土豆

kukorica

玉米

repcemag

油菜籽

gyümölcsfa

果树

manióka

树薯

gabona

谷物

ház
房子

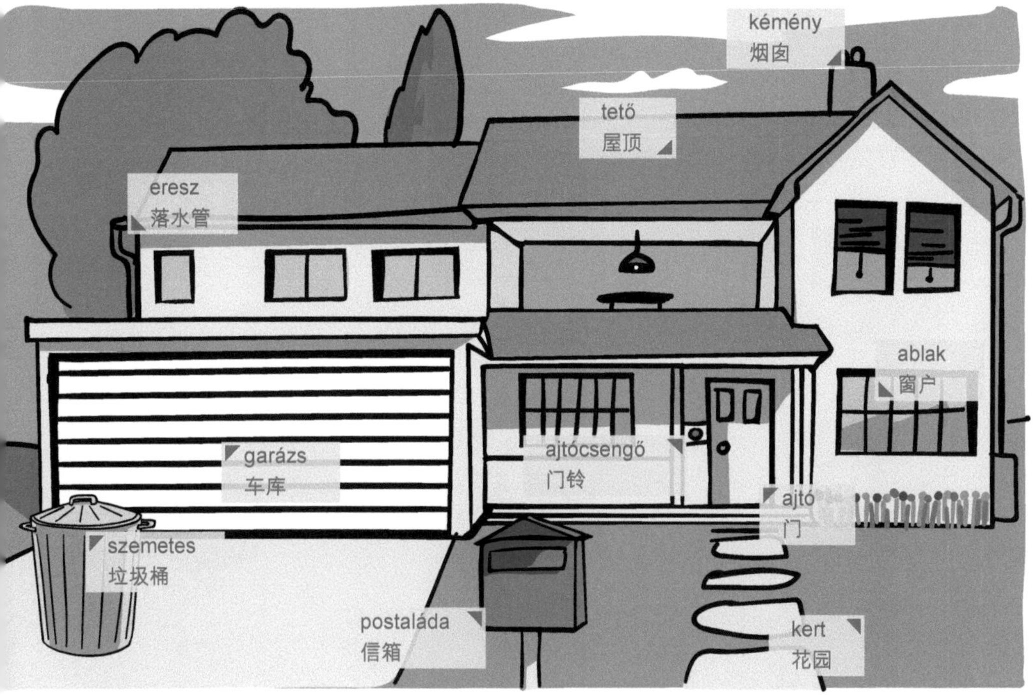

kémény
烟囱
tető
屋顶
eresz
落水管
ablak
窗户
garázs
车库
ajtócsengő
门铃
ajtó
门
szemetes
垃圾桶
postaláda
信箱
kert
花园

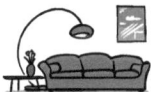

nappali

客厅

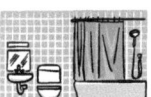

fürdőszoba

浴室

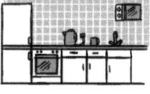

konyha

厨房

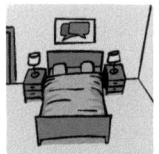

hálószoba

卧室

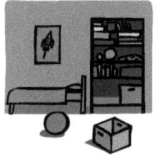

gyerekszoba

儿童房

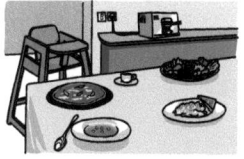

ebédlő

餐厅

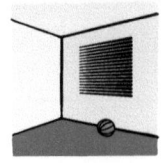

padló

地板

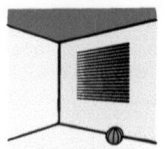

fal

墙壁

plafon

吊顶

pince

地窖

szauna

桑拿

erkély

阳台

terasz

露台

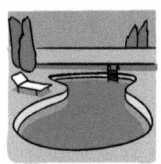

medence

游泳池

fűnyíró

割草机

lepedő

被单

ágytakaró

床罩

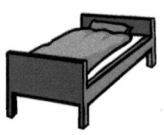

ágy

床

seprű

扫帚

vödör

水桶

kapcsoló

开关

ház - 房子

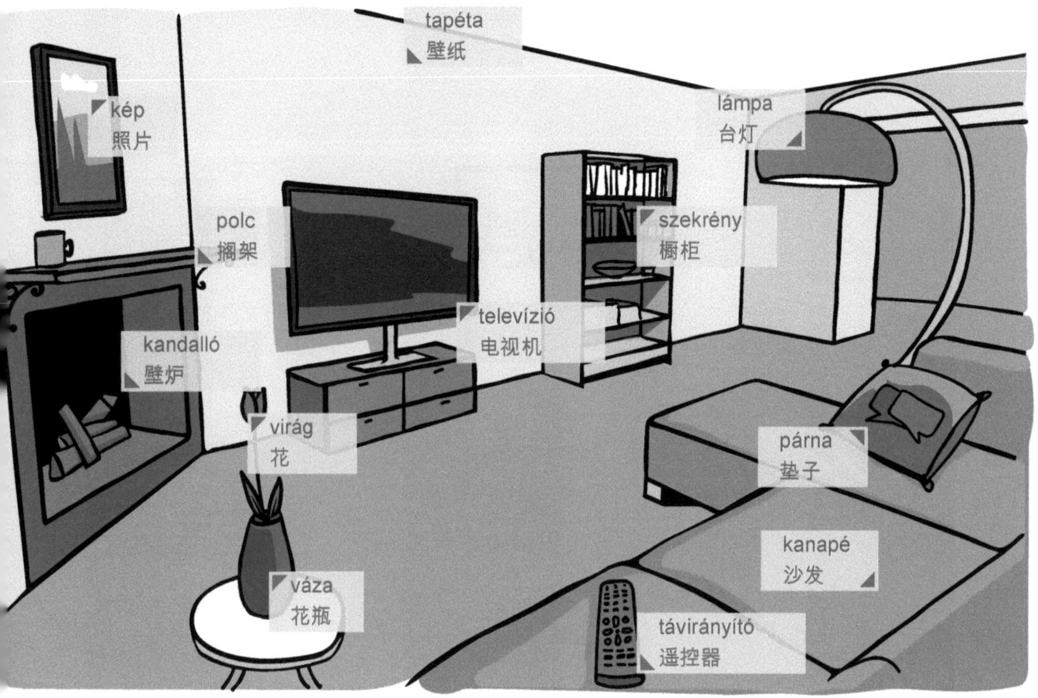

tapéta
壁纸

kép
照片

lámpa
台灯

polc
搁架

szekrény
橱柜

kandalló
壁炉

televízió
电视机

virág
花

párna
垫子

kanapé
沙发

váza
花瓶

távirányító
遥控器

szőnyeg

地毯

függöny

窗帘

asztal

餐桌

szék

椅子

hintaszék

摇椅

karosszék

扶手椅

könyv

书

takaró

毯子

dekoráció

装饰品

tűzifa

木柴

film

电影

hifi

高保真音响

kulcs

钥匙

újság

报纸

festmény

油画

poszter

海报

rádió

收音机

jegyzetfüzet

笔记本

porszívó

吸尘器

kaktusz

仙人掌

gyertya

蜡烛

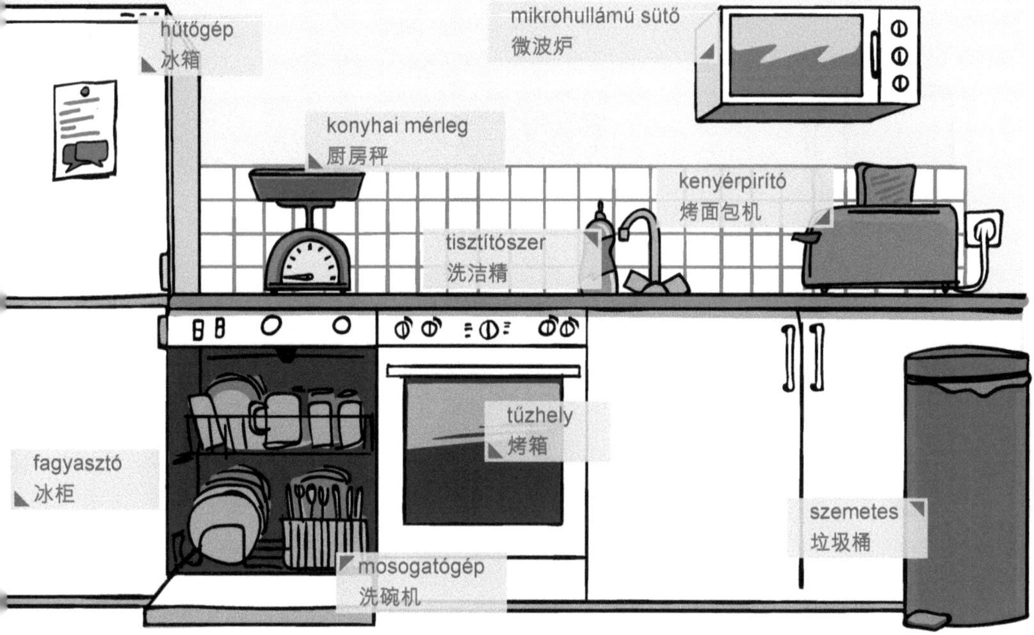

hűtőgép
冰箱

mikrohullámú sütő
微波炉

konyhai mérleg
厨房秤

kenyérpirító
烤面包机

tisztítószer
洗洁精

fagyasztó
冰柜

tűzhely
烤箱

szemetes
垃圾桶

mosogatógép
洗碗机

tűzhely

炊具

edény

锅

vasfazék

铸铁锅

wok / kadai

炒锅

serpenyő

平底锅

vízforraló

水壶

pároló

蒸锅

tepsi

烤盘

étkészlet

陶瓷锅

bögre

马克杯

tálka

碗

evőpálcika

筷子

merőkanál

长柄勺

keverőlapátka

铲子

habverő

搅拌器

szűrő

滤网

szita

筛子

reszelő

磨碎机

mozsár

研钵

grillsütő

烧烤

kandalló

明火

vágódeszka

菜板

sodrófa

擀面杖

dugóhúzó

开瓶器

doboz

罐子

konzervnyitó

开罐器

edényfogó

隔热手套

mosogató

水槽

kefe

刷子

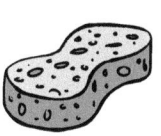

szivacs

海绵

turmixgép

搅拌机

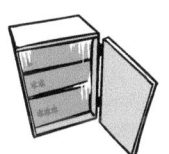

mélyhűtő

冷藏箱

cumisüveg

奶瓶

csap

水龙头

fürdőszoba

浴室

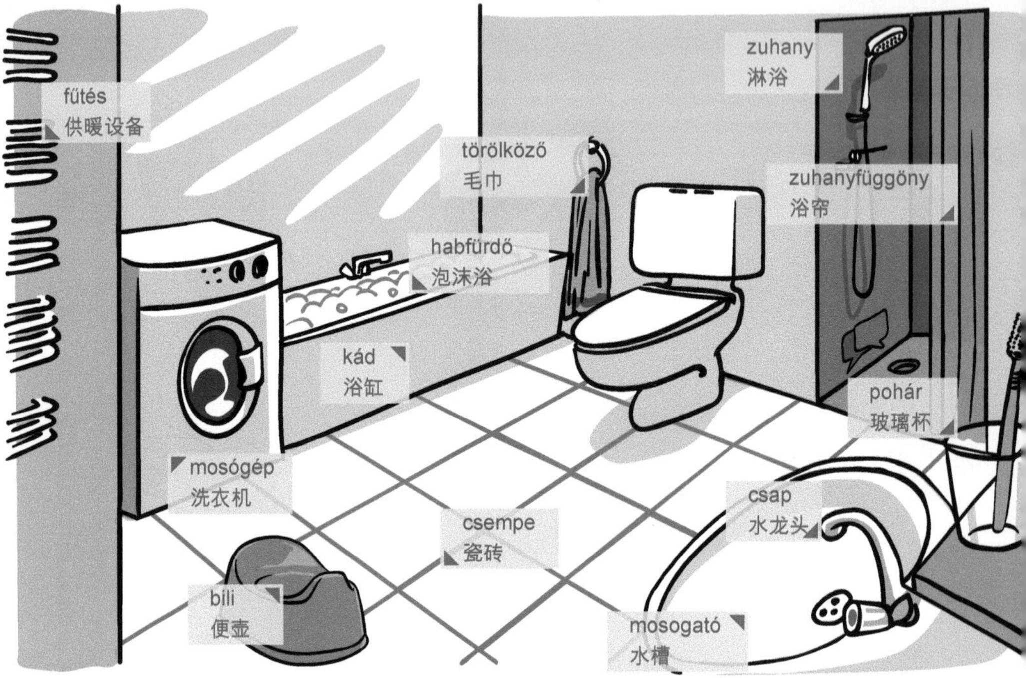

zuhany
淋浴
fűtés
供暖设备
törölközö
毛巾
zuhanyfüggöny
浴帘
habfürdő
泡沫浴
kád
浴缸
pohár
玻璃杯
mosógép
洗衣机
csap
水龙头
csempe
瓷砖
bili
便壶
mosogató
水槽

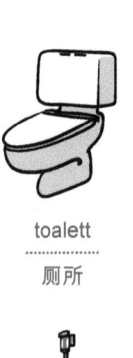

toalett

厕所

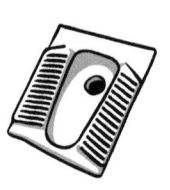

guggolós toalett

蹲便器

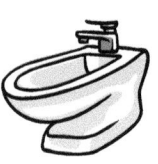

bidé

坐浴器

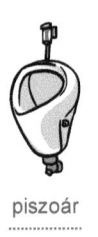

piszoár

小便池

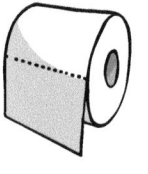

toalett papír

厕纸

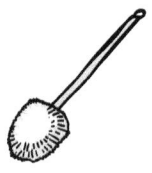

wc kefe

马桶刷

fogkefe

牙刷

fogkrém

牙膏

fogselyem

牙线

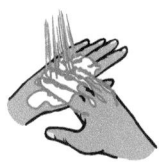

mosni

洗

kézi zuhany

手持式喷淋头

intimzuhany

冲洗器

mosdótál

洗脸盆

hátmosó kefe

擦背刷

szappan

肥皂

tusfürdő

沐浴露

sampon

洗发水

mosdókesztyű

法兰绒

lefolyó

排水

krém

乳霜

dezodor

除臭剂

fürdőszoba - 浴室

tükör

镜子

kézitükör

手镜

borotva

剃须刀

borotvahab

剃须泡沫

borotválkozás utáni arcszesz

须后水

fésű

梳子

hajkefe

刷子

hajszárító

吹风机

hajlakk

喷发定型剂

smink

化妆品

ajakrúzs

唇膏

körömlakk

指甲油

vatta

化妆棉

körömvágó olló

指甲剪

parfüm

香水

neszesszer

洗漱包

sámli

凳子

mérleg

计重秤

köntös

浴袍

gumikesztyü

橡胶手套

tampon

卫生棉条

egészségügyi betét

卫生巾

vegyi WC

化学厕所

gyerekszoba
儿童房

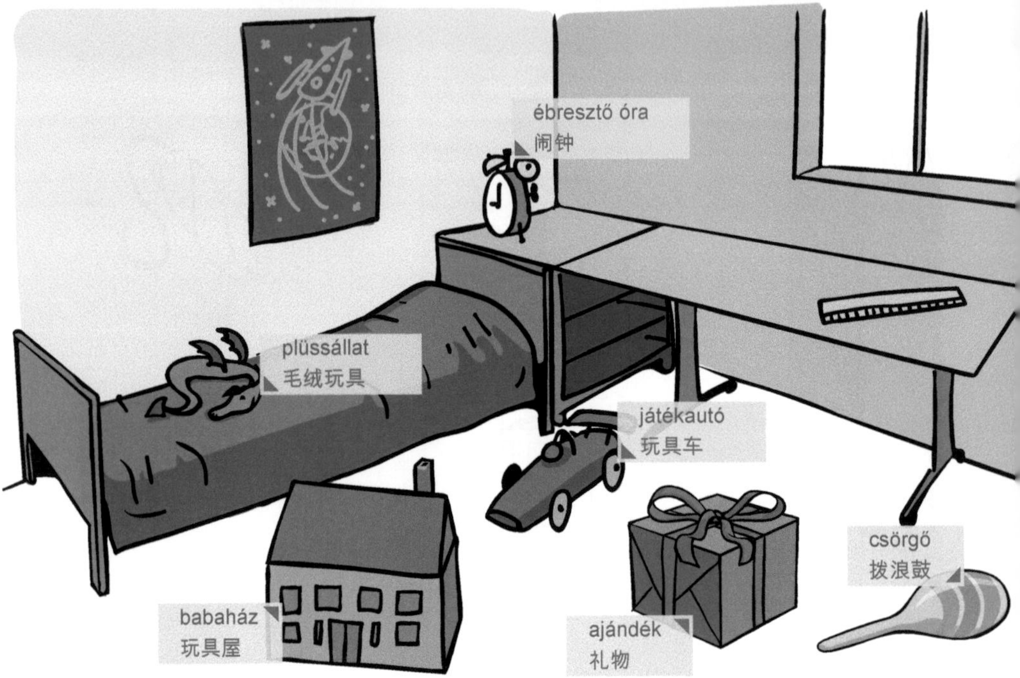
ébresztő óra
闹钟
plüssállat
毛绒玩具
játékautó
玩具车
csörgő
拨浪鼓
babaház
玩具屋
ajándék
礼物

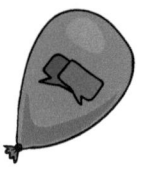

lufi
气球

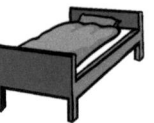

ágy
床

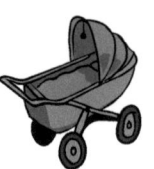

babakocsi
（洋娃娃用）婴儿车

kártyapakli
扑克牌

kirakós játék
拼图

SUPER
MEGA

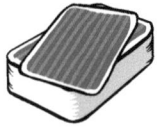

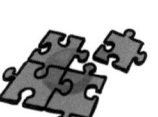

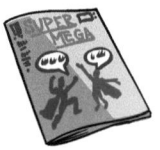

képregény
漫画

építőkockák

乐高积木

építőelem

积木玩具

szuperhős

玩具人

rugdalózó

婴儿服

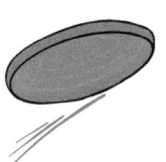

frizbi

飞盘

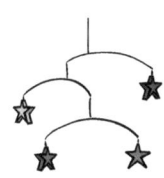

zenélő forgó

床铃玩具

társasjáték

棋盘游戏

kocka

骰子

modellvasút

火车模型

cumi

安抚奶嘴

zsúr

聚会

képeskönyv

绘本

labda

球

baba

洋娃娃

játszani

玩

homokozó

沙坑

hinta

秋千

játékok

玩具

videójáték konzol

游戏机

tricikli

三轮车

teddi maci

泰迪熊

ruhásszekrény

衣柜

ruházat

衣服

zokni

袜子

harisnya

长袜

harisnyanadrág

紧身裤

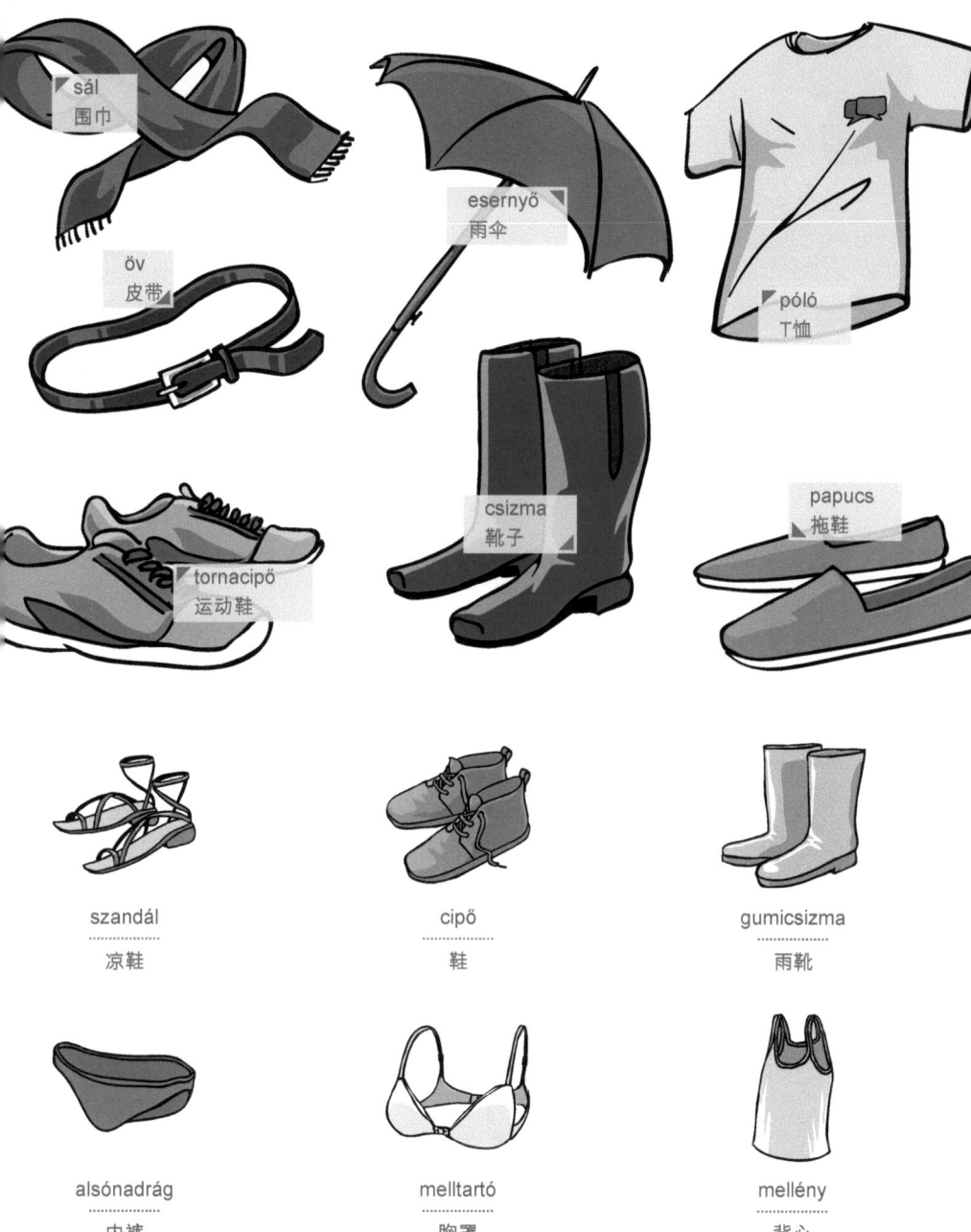

sál
围巾

esernyő
雨伞

öv
皮带

póló
T恤

tornacipő
运动鞋

csizma
靴子

papucs
拖鞋

szandál

凉鞋

cipő

鞋

gumicsizma

雨靴

alsónadrág

内裤

melltartó

胸罩

mellény

背心

ruházat - 衣服

45

body

身体

nadrág

裤子

farmer

牛仔裤

szoknya

短裙

blúz

女式衬衫

ing

衬衫

pulóver

套头衫

kapucnis pulóver

卫衣

blézer

西装夹克

dzseki

夹克

kabát

外套

esőkabát

雨衣

kosztüm

套装

ruha

连衣裙

esküvői ruha

婚纱

öltöny

西装

hálóing

睡袍

pizsama

睡衣

szári

莎丽

fejkendő

头巾

turbán

包头巾

burka

波卡

kaftán

卡夫坦

abaya

(阿拉伯式)长袍

fürdőruha

泳衣

fürdőnadrág

男式泳裤

rövidnadrág

短裤

tréningruha

运动服

kötény

围裙

kesztyű

手套

gomb

纽扣

szemüveg

眼镜

karkötő

手链

nyaklánc

项链

gyűrű

戒指

fülbevaló

耳环

sapka

便帽

vállfa

衣架

kalap

帽子

nyakkendő

领带

cipzár

拉链

bukósisak

头盔

nadrágtartó

背带

iskolai egyenruha

校服

egyenruha

制服

előke

围兜

cumi

安抚奶嘴

pelenka

尿不湿

iroda
办公室

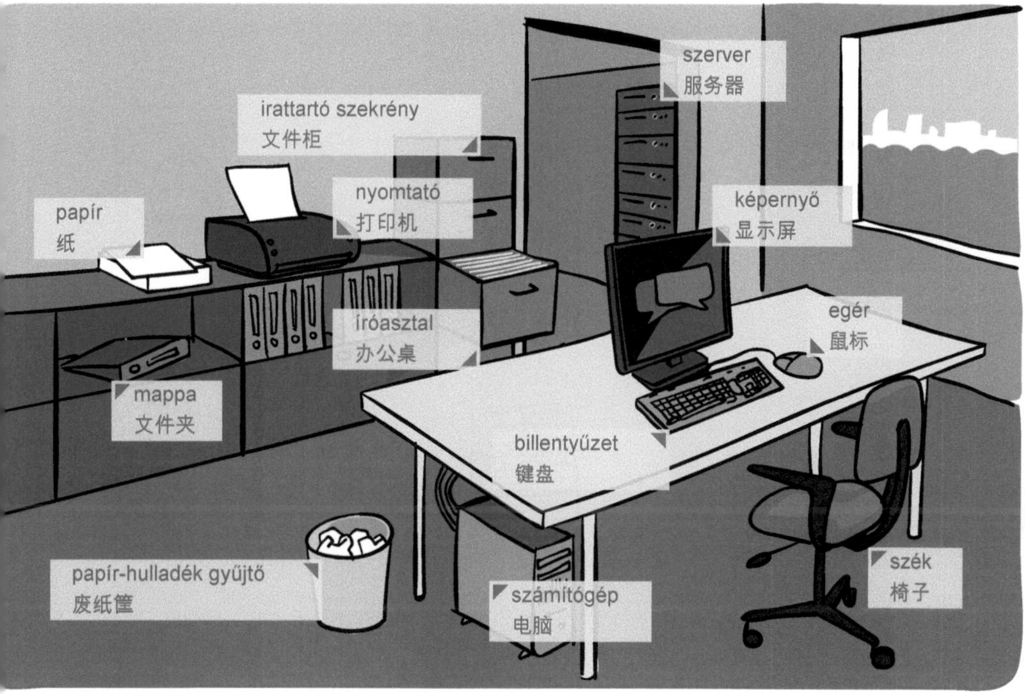

szerver
服务器

irattartó szekrény
文件柜

nyomtató
打印机

képernyő
显示屏

papír
纸

íróasztal
办公桌

egér
鼠标

mappa
文件夹

billentyűzet
键盘

papír-hulladék gyűjtő
废纸筐

számítógép
电脑

szék
椅子

kávéscsésze

咖啡杯

számológép

计算器

internet

因特网

laptop

笔记本电脑

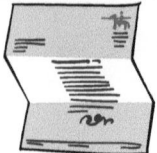

levél

信件

üzenet

消息

mobiltelefon

手机

hálózat

网络

fénymásoló

复印机

szoftver

软件

telefon

电话

konnektor

插座

faxgép

传真机

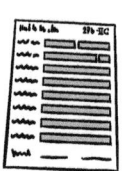

formanyomtatvány

表格

dokumentum

文件

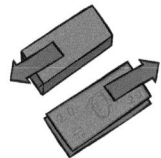

venni

买

fizetni

付钱

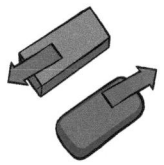

kereskedni

交易

pénz

现金

USD

dollár

美元

EUR

euró

欧元

JPY

jen

日元

RUB

rubel

卢布

CHF

svájci frank

瑞士法郎

CNY

kínai jüan

人民币

INR

rúpia

卢比

bankautomata

提款处

valutaváltó iroda

外币兑换处

arany

金

ezüst

银

olaj

石油

energia

能源

ár

价格

szerződés

合同

adó

税金

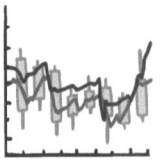

részvény

股票

dolgozni

工作

munkavállaló

职员

munkaadó

老板

gyár

工厂

üzlet

商店

rendőr
警官

tűzoltó
消防员

szakács
厨师

orvos
医生

pilóta
飞行员

kertész
园丁

kárpitos
木匠

varrónő
裁缝

bíró
法官

vegyész
化学家

színész
演员

buszsofőr

公交车司机

taxisofőr

出租车司机

halász

渔夫

bejárónő

清洁女工

tetőfedő

屋顶工

pincér

服务员

vadász

猎人

festő

画家

pék

面包师

villanyszerelő

电工

építőmunkás

建筑工人

mérnök

工程师

hentes

屠夫

vízvezeték-szerelő

水管工

postás

邮递员

katona

士兵

építész

建筑师

eladó

收银员

virágos

花农

fodrász

理发师

kalauz

售票员

műszerész

机械师

kapitány

船长

fogorvos

牙医

tudós

科学家

rabbi

拉比

imám

伊玛目

szerzetes

和尚

lelkész

牧师

foglalkozások - 职业

szerszámok

工具

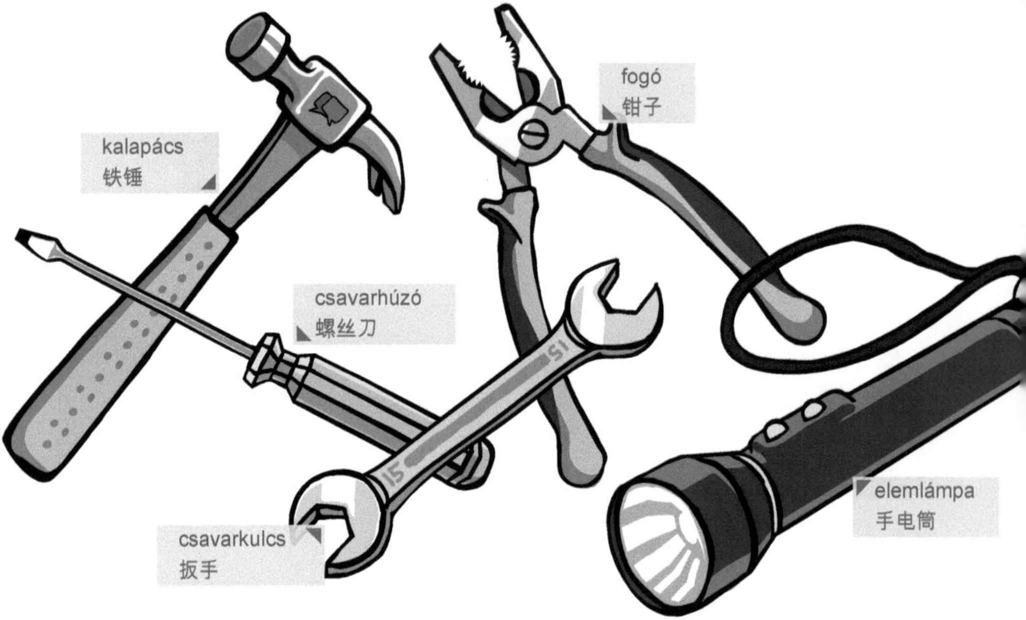
kalapács
铁锤
fogó
钳子
csavarhúzó
螺丝刀
elemlámpa
手电筒
csavarkulcs
扳手

markolőgép

挖掘机

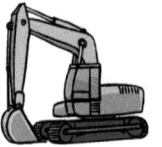

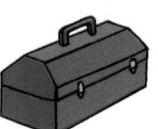

szerszámosláda

工具箱

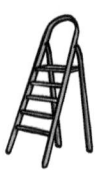

vödör

梯子

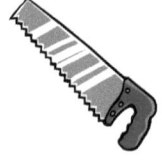

fűrész

锯子

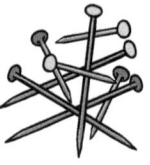

szög

钉子

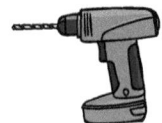

fúrógép

钻机

megjavítani

修

lapát

铲子

A francba!

靠！

szemétlapát

簸箕

festékesdoboz

油漆桶

csavar

螺丝

hangszerek

乐器

dobfelszerelés
打击乐器

hangszóró
扬声器

gitár
吉他

nagybőgő
低音提琴

trombita
小号

zongora

钢琴

hegedű

小提琴

basszusgitár

贝斯

üstdob

定音鼓

dobok

鼓

digitális zongora

电子琴

szaxofon

萨克斯管

fuvola

长笛

mikrofon

麦克风

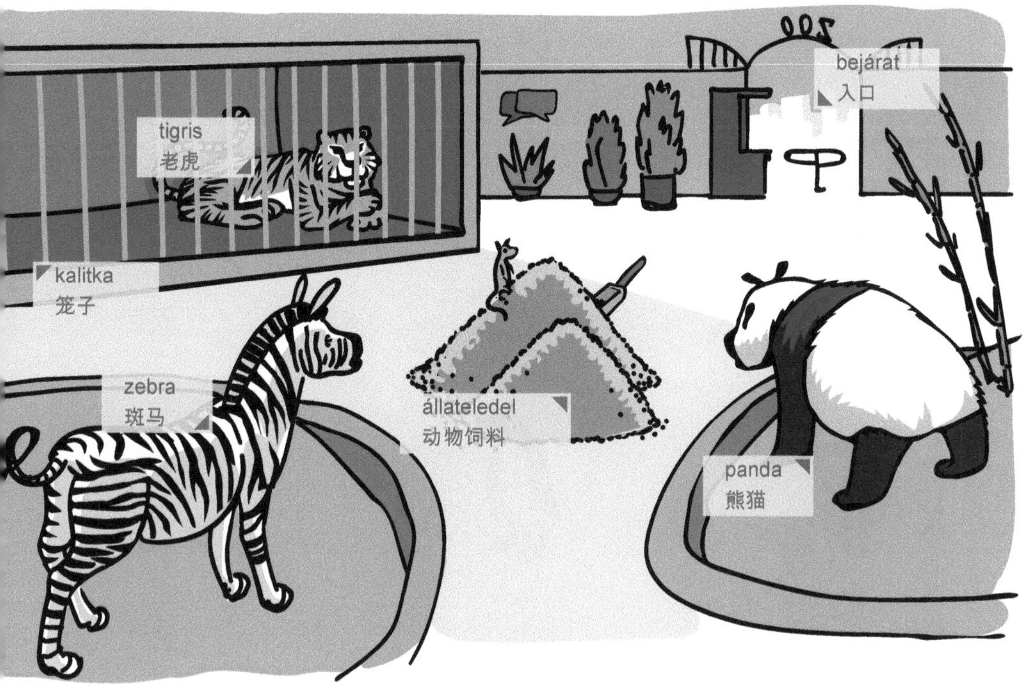
zoo
bejárat
入口
tigris
老虎
kalitka
笼子
zebra
斑马
állateledel
动物饲料
panda
熊猫

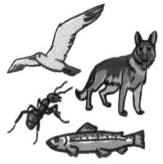

állatok
动物

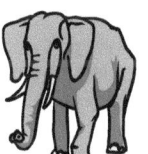

elefánt
大象

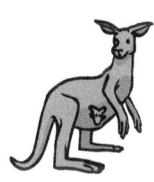

kenguru
袋鼠

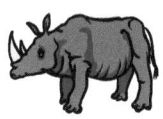

orrszarvú
犀牛

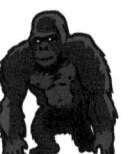

gorilla
大猩猩

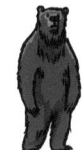

medve
熊

teve

骆驼

strucc

鸵鸟

oroszlán

狮子

majom

猴子

flamingó

火烈鸟

papagáj

鹦鹉

jegesmedve

北极熊

pingvin

企鹅

cápa

鲨鱼

páva

孔雀

kígyó

蛇

krokodil

鳄鱼

állatgondozó

动物园管理员

fóka

海豹

jaguár

美洲豹

póniló

矮种马

leopárd

豹

víziló

河马

zsiráf

长颈鹿

sas

老鹰

vaddisznó

野猪

hal

鱼

teknős

龟

rozmár

海象

róka

狐狸

gazella

羚羊

amerikai futball
橄榄球

kerékpározás
骑自行车

tenisz
网球

kosárlabda
篮球

úszás
游泳

jégkorong
冰球

boksz
拳击

futball
英式足球

tollas
羽毛球

atlétika
田径

kézilabda
手球

síelés
滑雪

lovaspóló
马球

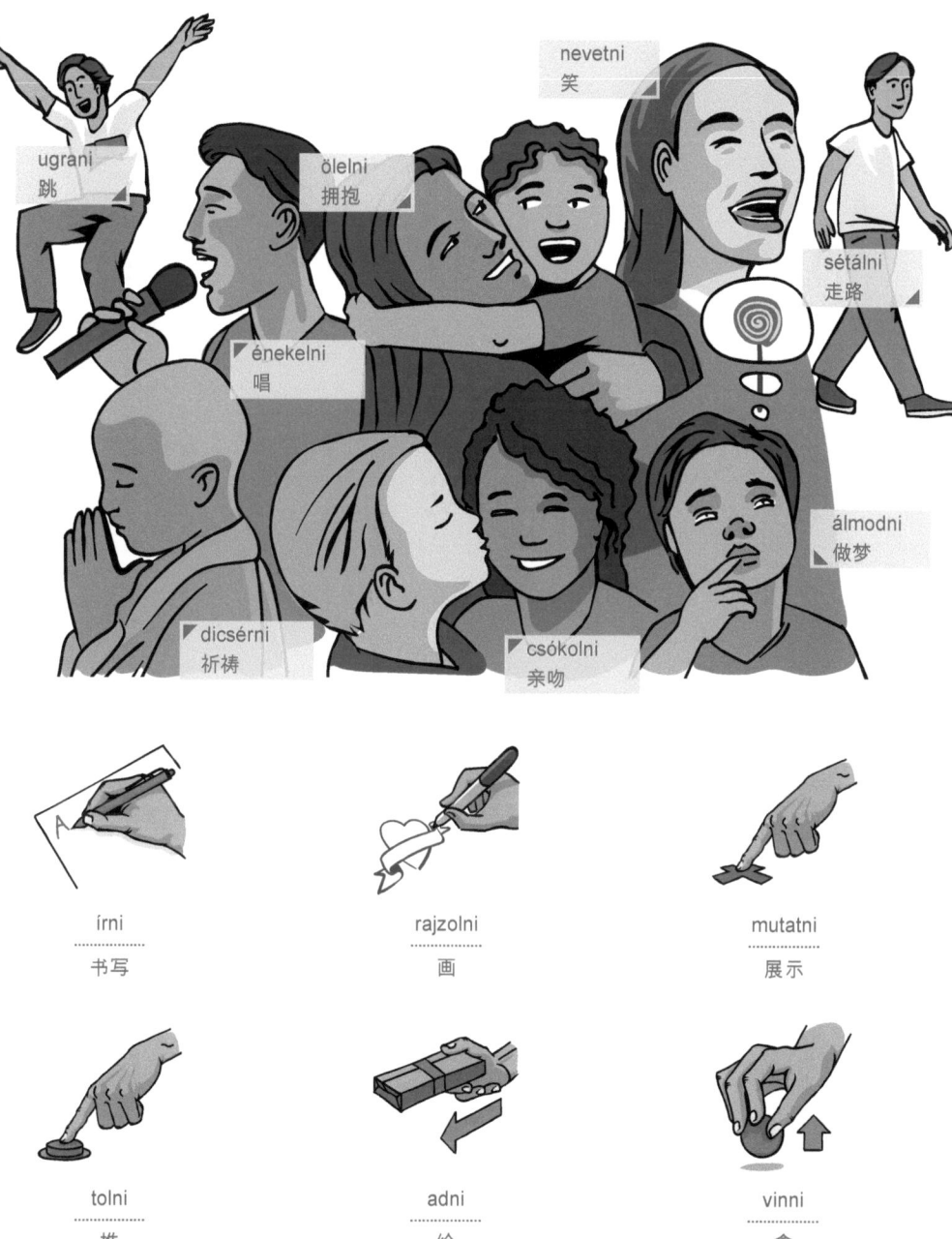

ugrani
跳

ölelni
拥抱

nevetni
笑

sétálni
走路

énekelni
唱

álmodni
做梦

dicsérni
祈祷

csókolni
亲吻

írni
书写

rajzolni
画

mutatni
展示

tolni
推

adni
给

vinni
拿

birtokolni

有

csinálni

做

lenni

当

állni

站

futni

跑

húzni

拉

hajít

扔

esni

摔倒

hazudni

躺

várni

等待

vinni

携带

ülni

坐

felvenni

穿衣

aludni

睡觉

felébredni

醒来

ránézni

看

sírni

哭

simogat

抚摸

fésülni

梳头

beszélni

交谈

megérteni

明白

kérdezni

问

hallgatni

听

inni

喝

enni

吃

takarítani

清理

szeretni

爱

főzni

做饭

vezetni

开车

szállni

飞

vitorlázni

航行

számol

计算

olvasni

读

tanulni

学习

dolgozni

工作

házasodni

结婚

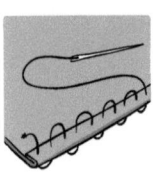

varrni

缝

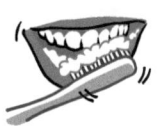

fogat mosni

刷牙

ölni

杀

dohányozni

抽烟

küldeni

寄

család
家

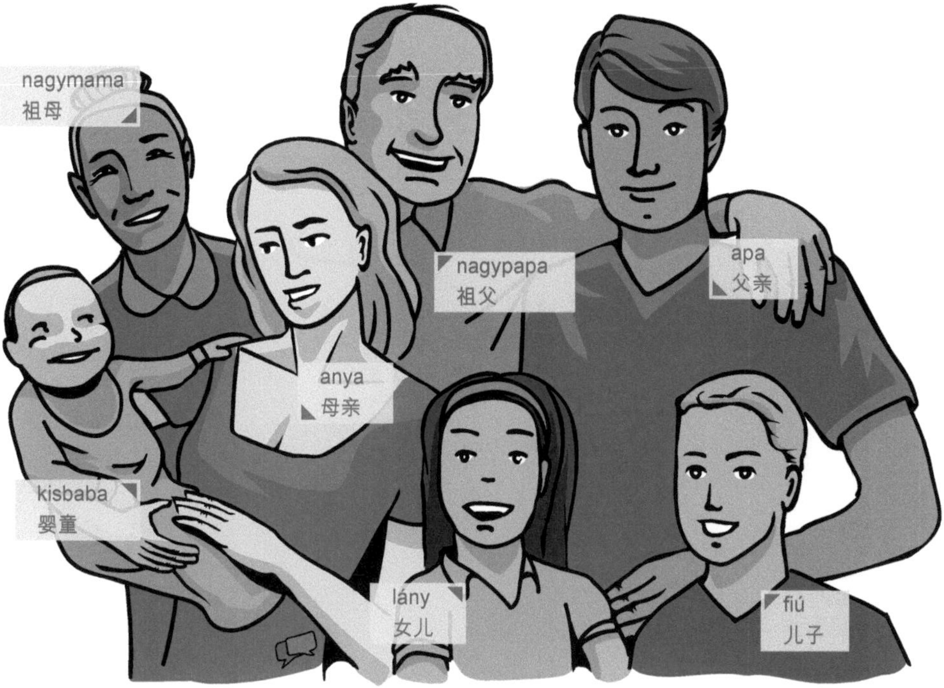
nagymama
祖母
nagypapa
祖父
apa
父亲
anya
母亲
kisbaba
婴童
lány
女儿
fiú
儿子

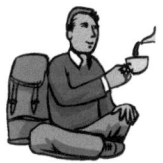

vendég
客人

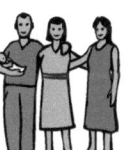

nagynéni
阿姨

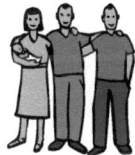

nagybácsi
叔叔

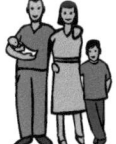

fiútestvér
兄弟

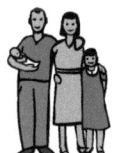

lánytestvér
姐妹

test

身体

homlok
前额
szem
眼睛
váll
肩膀
ujj
手指
arc
脸
áll
下巴
kéz
手
láb
腿
mell
乳房
kar
手臂

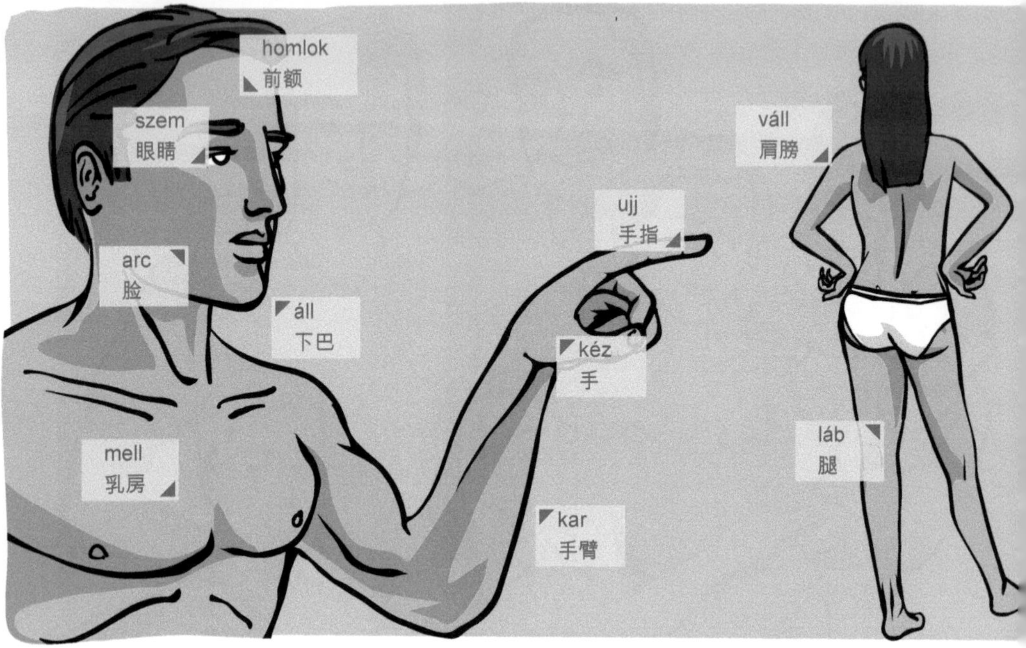

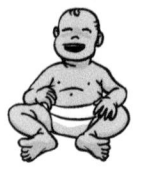

kisbaba
婴童

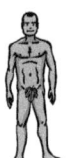

ember
男人

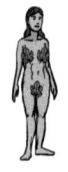

nő
女人

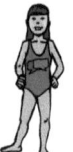

lány
女孩

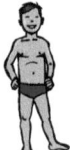

fiú
男孩

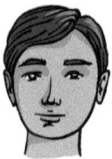

fej
头

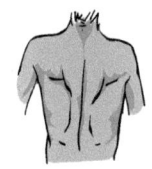

hát

背部

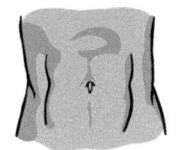

has

肚子

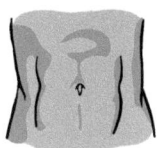

köldök

肚脐

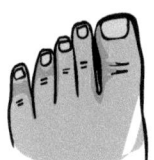

lábujj

脚趾

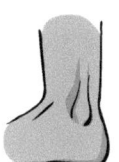

sarok

脚后跟

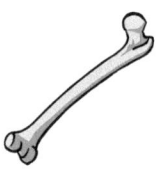

csont

骨头

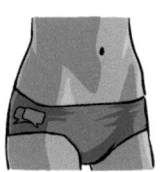

csípő

臀部

térd

膝盖

könyök

手肘

orr

鼻子

fenék

屁股

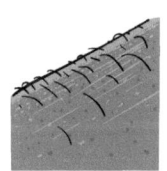

bőr

皮肤

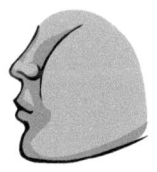

orca

脸颊

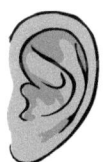

fül

耳朵

ajak

嘴唇

száj

嘴

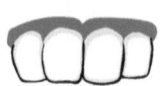

fog

牙齿

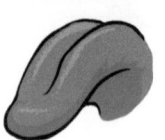

nyelv

舌头

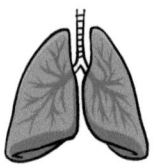

agy

脑

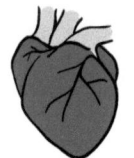

szív

心脏

izom

肌肉

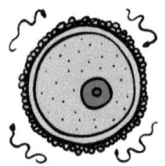

tüdő

肺

máj

肝脏

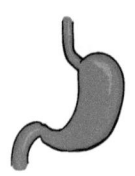

gyomor

胃

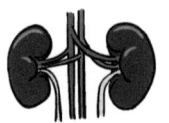

vese

肾脏

szex

性交

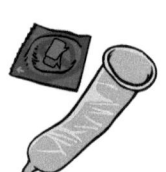

kondom

避孕套

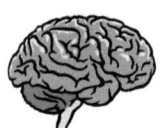

petesejt

卵子

sperma

精子

terhesség

怀孕

test - 身体

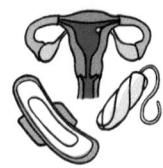

menstruáció

月经

vagina

阴道

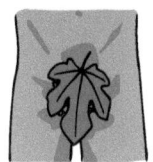

pénisz

阴茎

szemöldök

眉毛

haj

头发

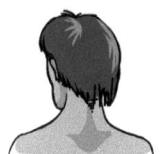

nyak

脖子

kórház

医院

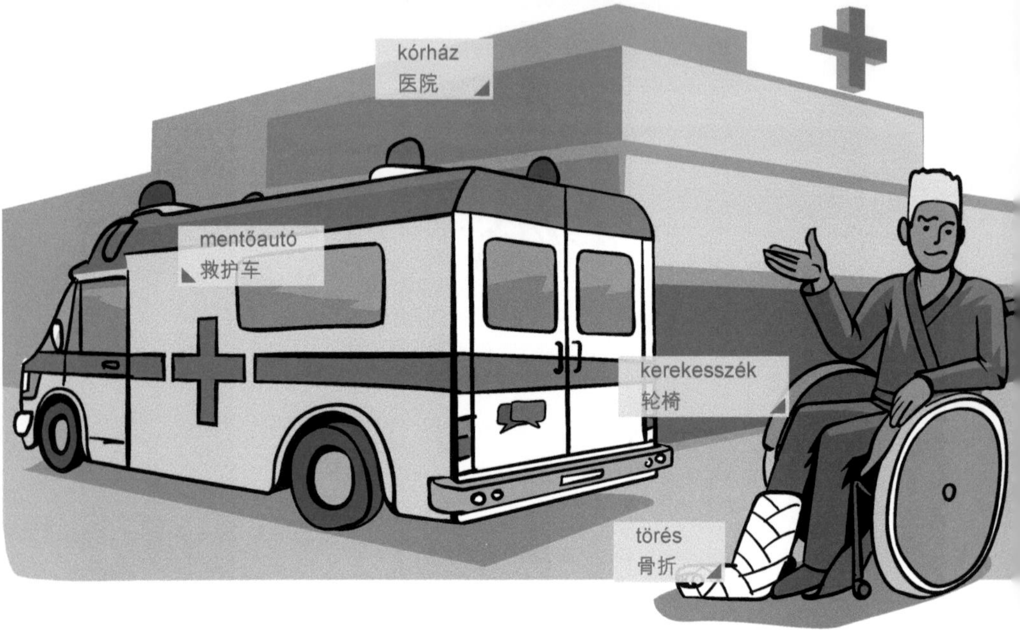

kórház
医院
mentőautó
救护车
kerekesszék
轮椅
törés
骨折

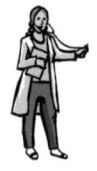

orvos

医生

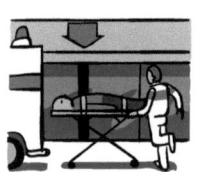

sürgősségi osztály

急诊室

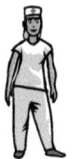

ápoló

护士

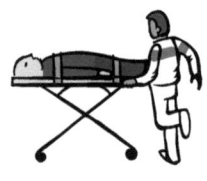

vészhelyzet

紧急情况

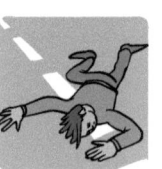

eszméletlen

昏迷

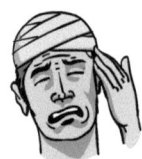

fájdalom

痛

sérülés

受伤

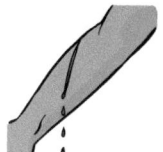

vérzés

出血

szívroham

心脏病发作

szélütés

中风

allergia

过敏

köhögés

咳嗽

láz

发烧

influenza

流感

hasmenés

腹泻

fejfájás

头痛

rák

癌症

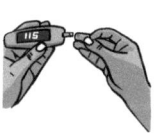

cukorbetegség

糖尿病

sebész

外科医生

szike

手术刀

műtét

手术

CT

CT

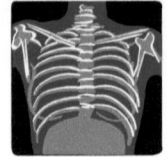

röntgen

X光

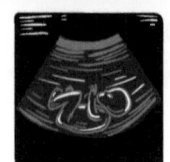

ultrahang

超声波

arcmaszk

口罩

betegség

疾病

váróterem

候诊室

mankó

拐杖

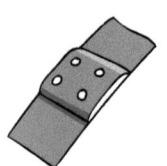

sebtapasz

石膏

kötszer

绷带

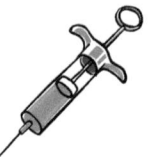

injekció

注射

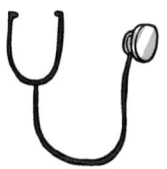

sztetoszkóp

听诊器

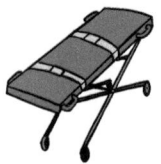

hordágy

担架

klinikai hőmérő

体温计

születés

出生

túlsúly

超重

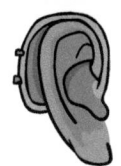

hallókészülék

助听器

fertőtlenítőszer

消毒液

fertőzés

感染

vírus

病毒

HIV/AIDS

艾滋病

orvosság

药物

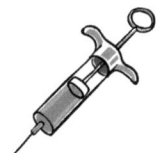

oltás

接种疫苗

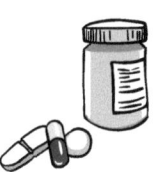

tabletták

药片

tabletta

药丸

sürgősségi hívás

急救电话

vérnyomásmérő

血压计

betegség / egészség

生病/健康

kórház - 医院

Segítség!

救命！

riasztás

警报

rajtaütés

突击

támadás

攻击

veszély

危险

vészkijárat

紧急出口

tűz!

着火啦！

tűzoltókészülék

灭火器

baleset

意外

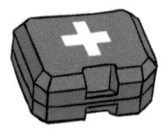

elsősegélycsomag

急救箱

SOS

呼救信号

rendőrség

警察

Európa

欧洲

Észak-Amerika

北美洲

Dél-Amerika

南美洲

Afrika

非洲

Ázsia

亚洲

Ausztrália

澳洲

Atlanti-óceán

大西洋

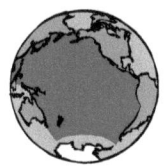

Csendes-óceán

太平洋

Indiai-óceán

印度洋

Déli-óceán

南冰洋

Jeges-tenger

北冰洋

Északi-sark

北极

Déli-sark

南极

Antarktisz

南极洲

föld

地球

szárazföld

陆地

tenger

海

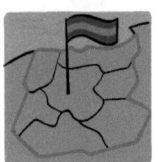

sziget

岛

nemzet

国家

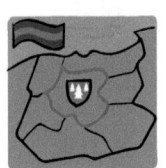

állam

国家

számlap

钟面

kismutató

时针

nagymutató

分针

másodpercmutató

秒针

Mennyi az idő?

现在几点？

nap

天

idő

时间

most

现在

digitális óra

电子表

perc

分

óra

时

hét

周

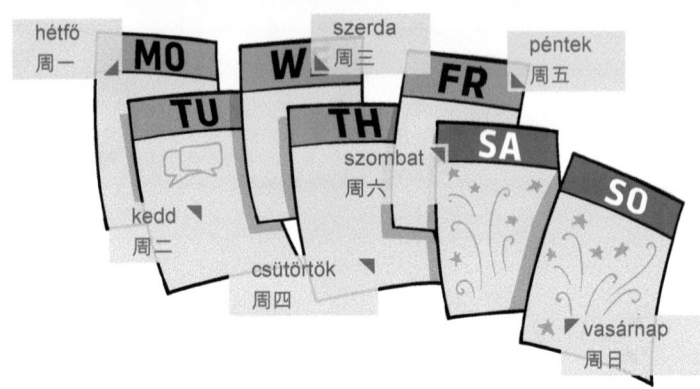

hétfő 周一
szerda 周三
péntek 周五
kedd 周二
szombat 周六
csütörtök 周四
vasárnap 周日

tegnap

昨天

ma

今天

holnap

明天

reggel

早晨

dél

中午

este

晚上

hétköznap

工作日

hétvége

周末

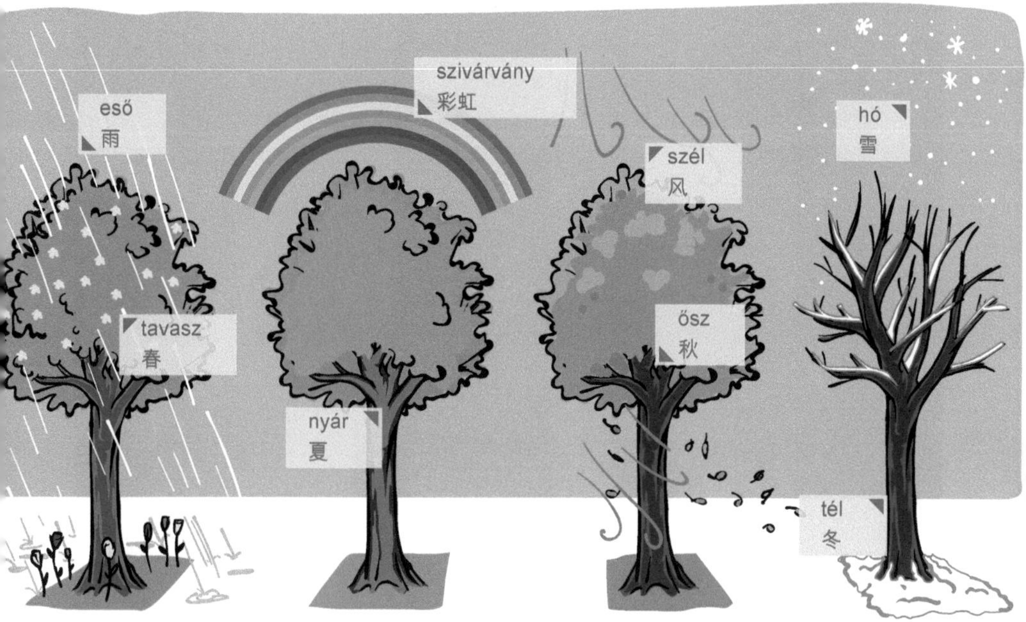

eső
雨

szivárvány
彩虹

szél
风

hó
雪

tavasz
春

nyár
夏

ösz
秋

tél
冬

4.APRIL	11°	☀
5.APRIL	4°	⛅
6.APRIL	13°	☔
7.APRIL	8°	☀
8.APRIL	10°	☀

időjárás előrejelzés

天气预报

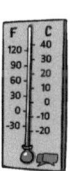

hőmérő

温度计

napsütés

阳光

felhő

云

köd

雾

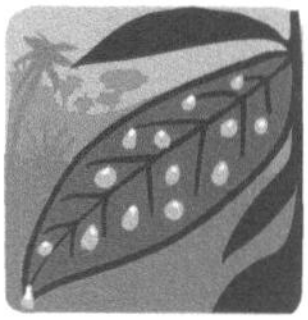

páratartalom

潮湿

villámlás

闪电

mennydörgés

打雷

vihar

风暴

jégeső

冰雹

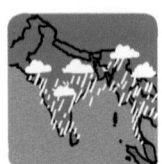

monszun

季风

áradás

洪水

jég

冰

január

一月

február

二月

március

三月

április

四月

május

五月

június

六月

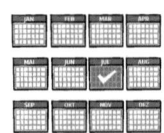

július

七月

augusztus

八月

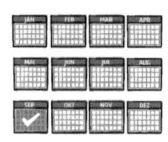

szeptember
....
九月

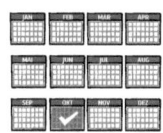

október
....
十月

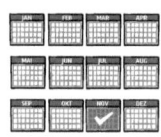

november
....
十一月

december
....
十二月

alakzatok
形状

kör
....
圆形

négyzet
....
正方形

téglalap
....
长方形

háromszög
....
三角形

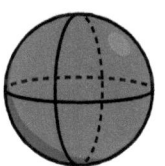

gömb
....
球体

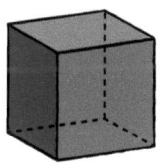

kocka
....
立方体

alakzatok - 形状

fehér

白

sárga

黄

narancs

橙

rózsaszín

粉

piros

红

lila

紫

kék

蓝

zöld

绿

barna

棕

szürke

灰

fekete

黑

sok / kevés

很多/少许

mérges / nyugodt

生气/平静

szép / csúnya

美/丑

kezdet / vég

首/尾

nagy / kicsi

大/小

világos / sötét

明/暗

fivér / nővér

兄弟/姐妹

tiszta / koszos

干净/肮脏

teljes / nem teljes

完整/缺失

nappal / éjszaka

白天/晚上

halott / élő

死/生

széles / keskeny

宽/窄

ehető / nem ehető

可食用/非食用

gonosz / kedves

邪恶/善良

izgatott / unott

兴奋/无聊

kövér / vékony

胖/瘦

első / utolsó

第一/最后

barát / ellenség

朋友/敌人

teli / üres

满/空

kemény / puha

硬/软

nehéz / könnyű

重/轻

éhség / szomjúság

饿/渴

betegség / egészség

生病/健康

illegális / legális

非法/合法

intelligens / buta

聪明/愚笨

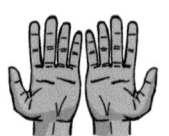

bal / jobb

左/右

közel / távol

近/远

ellentétek - 反义词

új / használt

新/旧

semmi / valami

没有/有些

idős / fiatal

老/幼

be / ki

开/关

nyitva / zárva

打开/合上

csendes / hangos

安静/吵闹

gazdag / szegény

富/穷

helyes / helytelen

对/错

érdes / sima

粗糙/光滑

szomorú / vidám

伤心/高兴

rövid / hosszú

短/长

lassú / gyors

慢/快

nedves / száraz

湿/干

meleg / hideg

温暖/凉爽

háború / béke

战争/和平

0

nulla

零

1

egy

一

2

kettő

二

3

három

三

4

négy

四

5

öt

五

6

hat

六

7

hét

七

8

nyolc

八

9

kilenc

九

10

tíz

十

11

tizenegy

十一

12

tizenkettő

十二

13

tizenhárom

十三

14

tizennégy

十四

15

tizenöt

十五

16

tizenhat

十六

17

tizenhét

十七

18

tizennyolc

十八

19

tizenkilenc

十九

20

húsz

二十

100

száz

百

1.000

ezer

千

1.000.000

millió

百万

angol

英语

amerikai angol

美式英语

mandarin kínai

普通话

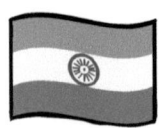

hindi

印地语

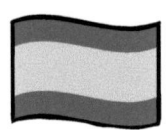

spanyol

西班牙语

francia

法语

arab

阿拉伯语

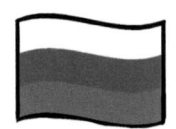

orosz

俄语

portugál

葡萄牙语

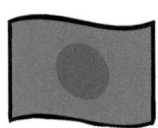

bengáli

孟加拉语

német

德语

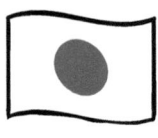

japán

日语

én

我

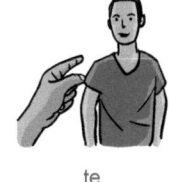

te

你

ő

他/她/它

mi

我们

ti

你们

ök

他们

ki?

谁？

mi?

什么？

hogyan?

怎样？

hol?

哪里？

mikor?

什么时候？

név

名字

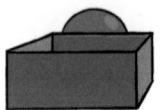

mögött

后面

benne

里面

előtte

前面

felette

上方

rajta

上面

alatta

下面

mellett

旁边

között

中间

hely

地点